송강스님의

벽암록 맛보기

-3권-

(21칙~30칙)

벽암록 맛보기를 내면서

2021년 초에 불교신문사에서 새로운 연재를 부탁하기에 〈벽암록 맛보기〉라는 제목으로 『벽암록(碧巖錄)』의 본칙(本則)과 송(頌)을 중심으로 1회 1칙씩을 연재하기로 했습니다. 정해진 지면에 맞추다 보니 여러 가지 도움이 될 장치를 생략하게 되었으나, 공부하기에는 크게 부족함이 없었습니다.

불교신문 독자들 가운데 책으로 공부하기를 원하는 분들이 많아서 이제 10칙씩을 묶어 한지제본의 〈벽암록 맛보기〉를 차례로 출판하기로 하였습니다. 불교신문 지면에 실린 내용에다 몇 가지 도움이 될 부분을 더하여 편집의 묘를 살린 것입니다.

참선공부는 큰 의심에서 시작되고, 『벽암록(碧巖錄)』의 선문답은 본체 또는 주인공에 대한 의심을 촉발하기 위한 것입니다. 그러므로 의심을 일으킬 수 있는 정도로 설명은 간략하게 하고 자세한 풀이는 생략했습니다. 너무 자세한 설명은 스스로 의심을 일으키기는 커녕 자칫 다 알았다는 착각에 빠지게 하기 때문입니다.

이 책이 많은 분들에게 큰 의심을 일으킬 수 있는 기회가 된다면 참 좋은 법연(法緣)으로 생각하겠습니다.

2022년 여름 개화산자락에서

시우 송강(時雨松江) 합장

차 례

제21칙

지문 연화
(智門蓮花)

지문선사의
연꽃

"'연꽃이 곧 연잎'…
'곧'자 하나에 팔만대장경 숨어 있다"

시든 뒤 얼음 속에 있으니,
연꽃인가 연잎인가

강설(講說)

본래 있는 진리를 정리하여 내보이고 다시 설명하는 것은, 마치 화려한 비단 위에다 꽃을 늘어놓듯이 크게 신통한 일은 아니다. 부처님께서 스스로 말씀하셨듯이 설파하신 모든 진리는 부처님께서 만들어낸 것이 아니라 이미 있는 이치를 깨달으시고 설명한 것일 뿐이다. 그러니 본래의 자리에서 보자면 부처님의 가르침만을 줄줄 외우고 있는 것은 참 쓸데없는 일인 것이다.

부처님의 가르침이 쓸데없는 일이 되지 않게 하려면 어떻게 해야 할까?

부처님께서 교화하신 목적은 사람들이 진리를 깨달아 해탈하라는 것이었다. 해탈하기 위해서는 각자 스스로 만들어 뒤집어쓰고 있는 구속의 굴레를 풀어버려야 하는 것이며, 스스로 지어서 스스로 짊어진 고뇌를 벗어버려야만 부처님의 은혜를 갚게 되는 것이다.

이 이치를 파악했다면 더 이상 수고를 보탤 것이 없겠지만, 아직도 남의 집안 보물을 부러워하고 있다면 옛 선사들이 어떻게 하는지를 잘 살펴 깨달아야 할 것이다.

지문 광조(智門光祚)선사는 송대(宋代) 스님으로 향림 징원(香林澄遠, 908~987)선사의 제자이며, 이 벽암록 100칙을 선별하여 송을 붙인 설두(雪竇)선사의 스승이다. 호북성(湖北省)의 지문사(智門寺)에서 오래 후학을 지도했다.

본칙(本則)

擧 僧이 問智門호대 蓮花未出水時如何닛
거 승 문지문 연화미출수시여하

고 智門云호대 蓮花니라 僧云호대 出水後如
지문운 연화 승운 출수후여

何닛고 門云호대 荷葉이니라
하 문운 하엽

이런 얘기가 있다.

어떤 스님이 지문선사께 여쭈었다.

"연꽃이 물 밖으로 나오지 않았을 때는 뭐라고 합니까?"

지문선사께서 말씀하셨다.

"연꽃이니라."

그 스님이 다시 물었다.

"물 위로 솟은 뒤에는 뭐라고 합니까?"

지문선사께서 말씀하셨다.

"연잎이니라."

강설(講說)

"연잎만 무성하여 아직 꽃이 피기 전의 모습은 어떠합니까?" "연꽃이니라." "연꽃이 활짝 피었을 때는 어떠합니까?" "연잎이니라."

질문을 던진 스님은 제법 날카로운 질문을 한답시고 물었지만, 스스로 분별에 떨어져 있음을 어쩌랴.

부처와 중생이 둘이라고 착각한 상태에서는 부처를 말해줘도 모르고 중생을 갈파해주어도 모른다. 반대로 부처와 중생이 똑 같다고 착각한 상태에서는, 극락으로 가는 승차권을 들고 지옥행열차를 타고 만다. 만약 극락과 지옥이 똑 같다고 흔들림 없이 말할 자신이 있다면 일단 봐 줄만은 하겠다. 하지만 진정 그 말과 같다면 다시는 다른 사람을 미워하지도 말고 신세 한탄도 말 것이며, 부모를 탓하거나 사회를 탓하지 않는 정도가 되어야 할 것이다. 언제 어디서나 늘 편안하고 자유자재한 삶이어야 할 것이다.

지문선사는 상대를 정확히 파악하였기에 상대의 생각을 부수어 진실을 보여주려 하셨다.

과연 보았을까? 모양 없는 진실을.

송(頌)

蓮花荷葉報君知하노니
연 화 하 엽 보 군 지

出水何如未出時오
출 수 하 여 미 출 시

江北江南問王老하면
강 북 강 남 문 왕 노

一狐疑了一狐疑하리라
일 호 의 료 일 호 의

- 왕노(王老)

  왕노사(王老師)의 줄임. 이 말은 남전(南泉)선사께서 당신의 성씨를 빌려 스스로를 지칭하여 사용했던 말이다. 남전선사께서 입적하신 후에는 점차 '선지식(善知識)' 정도의 뜻으로 사용하게 되었다.

- 일호의(一狐疑)

  '한 마리 여우가 의심하다'의 뜻이 아니라, '한 가지 의심'이라는 뜻임. 호의(狐疑)라는 단어는 여우가 쫓기면서도 계속 의심해서 돌아본다고 하여 나온 말이라 함.

연꽃과 연잎으로 그대에게 알려주려 답했으니,

물에서 나온 후와 나오지 않았을 때는 어떠한가?

강의 북쪽이나 강의 남쪽에서 선지식에게 물어본다면,

한 가지 의심 풀리면 또 한 가지 의심이 일어나리라.

송(頌)

연꽃과 연잎으로 그대에게 알려주려 답했으니,
물에서 나온 후와 나오지 않았을 때는 어떠한가?

강설(講說)

지문선사의 저 친절한 답을 보라. 깨닫게 해 주려고 얼마나 애쓰셨는지 알겠는가. 물속에서 헤매고 있을 때는 번쩍 물 밖으로 내던지더니, 물에서 나왔다고 착각하는 순간 다시 물속에 처박아 버리네. 그나저나 지문선사와 설두 영감님의 따스한 미소를 보기나 하는 것인가.

만약 '연꽃이 곧 연잎'인 도리를 깨달았다면 '곧'자 하나에 팔만대장경이 숨어 있는 것을 알 것이다. '곧'자의 비밀을 깨달아 무한한 지혜를 쓸 수 있게 된다면 팔만대장경이 모두 백지인 것도 볼 수 있을 것이다. 그러나 '곧'자의 비밀을 모른다면 팔만대장경을 다 외우고 해석할 수 있을지라도 지옥문을 열고 나오기 어려울 것이다. 그러니 그런 경지가 아니라면 '연꽃이 곧 연잎'이라는 헛소리 따위를 내뱉지 말 것.

지문선사와 설두 영감님의 노파심이 헛되지 않게 하는 대장부가 없진 않겠지!

송(頌)

강의 북쪽이나 강의 남쪽에서 선지식에게 물어본다면,
한 가지 의심 풀리면 또 한 가지 의심이 일어나리라.

강설(講說)

우리는 천지에 스승이 가득한 시대를 살고 있다. 인터넷만 검색하면 온갖 가르침이 홍수를 이룬다. 진리도 가르쳐주고 행복도 가르쳐준다. 수행도 한나절이면 다 이루게 만들어주고, 깨달음도 똘똘 뭉쳐 잘 전해준다. 그런데 그런 스승들 자신은 왜 편안해 보이지 않는 것일까? 말은 수행의 대가인 것처럼 하는데, 왜 몇 시간도 고요히 정좌(靜坐)해 있질 못하고 자잘한 온갖 것에 그렇게 걸리는 것일까? 세상 사람들이 아무리 유명한 사람을 떠받든다고 수행자마저도 그 부류에 들고자 하면 되겠는가? 바다는 오라는 말 한마디 하지 않아도 세상의 물이 모이고, 산은 묵묵히 있어도 온갖 생

명이 깃드는 것이다. 설사 그렇지 아니하면 또 어떠한가. 저잣거리에서도 유유자적(悠悠自適)한 것이 수행자의 진면목(眞面目)인 것을.

참으로 묘하게도 잘 알려지지 않은 이들 가운데 참된 수행인이 눈에 띄고, 유명하지도 않은 이들 가운데 지혜롭게 사는 이들이 보인다. 그러니 쓸데없이 유명한 이들 찾아다니지 말고, 그저 묵묵히 참구해 보라. 호흡 몇 분 고른다고 해탈할 수 있고 눈앞의 사물 똑똑히 본다고 깨닫는다면, 고양이나 독수리 따위가 훨씬 먼저 해탈하고 깨달을 것이다. 스스로 맑아지고 보면 참된 길도 보이고, 진정한 스승도 알아볼 수 있다.

위의 공안에 대한 답을 묻기로 작정한다면 세상 천지에 답할 이는 부지기수다. 그런데 그 답이 그대의 안목(眼目)을 열어줄 것이라고 착각하지는 말라. 그건 마치 두꺼운 커튼으로 빛을 가린 방안에서 성냥불을 켜는 것과 비슷한 일이다. 보인다고 생각하는 순간 다시 어둠이다. 꺼지지 않는 빛을 찾는 방법이야 잘 알 것이니, 어디 행동으로 한 번 옮겨 보시게나.

제22칙

설봉 별비사
(雪峰鱉鼻蛇)

설봉선사의
코브라

"남산에 맹독의 코브라가 있다면
그대는 어쩌겠는가"

코브라를 보았는가?
코브라를 잡았는가?

본칙(本則)

擧 雪峰이 示衆云 南山에 有一條鼈
거 설봉 시중운 남산 유일조별

鼻蛇하니 汝等諸人은 切須好看이어다 長
비사 여등제인 절수호간 장

慶云 今日堂中에 大有人喪身失命이
경운 금일당중 대유인상신실명

로다 雲門은 以拄杖으로 攛向雪峰面前
운문 이주장 찬향설봉면전

하고 作怕勢러라 僧擧似玄沙하니 玄沙云
작파세 승거사현사 현사운

須是稜兄始得이라 雖然如此나 我卽不
수시릉형시득 수연여차 아즉불

恁麽하리라 僧云 和尙作麽生고 玄沙云
임마 승운 화상자마생 현사운

用南山作什麽오
용남산작십마

이런 얘기가 있다.

설봉스님이 대중에게 말씀하셨다. "남산에 코브라가 한 마리 있으니, 그대들은 모두 각별히 잘 살펴야 할 것이다."

장경이 말했다. "오늘 이 자리에 많은 사람이 목숨을 잃을 것입니다."

운문은 주장자를 설봉선사의 면전을 향해 내던지고는 두려워하는 모양을 지었다.

어떤 스님이 (뒷날) 현사스님에게 이 일을 설명하니, 현사스님이 말했다.

"모름지기 혜릉스님처럼 해야 한다네. 비록 그렇긴 하지만 나라면 그렇게 하진 않겠네."

그 스님이 물었다. "스님께서는 어떻게 하시겠습니까?"

현사스님이 말했다. "남산을 말해 무엇 하시렵니까?"

강설(講說)

설봉선사는 참 좋은 스승이시다. 멍청하게 시간만 보내는 후학들에게 경각심을 불러 일으켰다.

"남산에는 물리기만 하면 바로 목숨을 잃게 되는 맹독의 코브라가 한 마리 있으니, 너희들은 언제나 발밑을 잘 살피고 다녀야 할 것이다."

장경 혜릉이 나서서 한 마디 했다.

"이 방안에 있는 사람 대부분이 목숨을 잃게 될 겁니다."

그렇지! 코브라가 나타난 순간 대중들은 이미 죽은 목숨이었지. 하지만 너무 겁먹은 것 아닌가? 장경도 벌써 물렸구먼. 어떻게 살아나려나?

운문이 대뜸 나서서 주장자를 스승의 바로 앞에다 휙 던지고는 코브라를 보듯 두려워하는 모습을 하였다. 천하의 운문인지라 바로 코브라를 파악한 것이다.

"그 코브라가 바로 여기 있다. 대중들이여, 보라!"

과연 몇 사람이나 보았을까? 그렇지만 뱀에 발을 그리듯 지나치지 않은가.

어떤 스님이 이 자리에 없었던 현사스님에게 달려가 손짓 발짓을 하며 이 일을 설명하니, 별일 아니라는 듯이 한 마디 했다.

"장경스님이 제대로 한 마디 했구먼! 그런데 나라면 그렇게 하진 않겠네."

얘기를 전한 스님이 호기심이 발동하여 물었더니, 마치 스승 설봉스님을 대하듯 쏘아 붙였다. "쓸데없이 남산을 말해서 뭘 하시려는 겁니까?" (라고 했을 걸세.)

천하의 설봉스님도 말을 뱉고 보니 또 허물이 생긴 것이라. 괜스레 남산에 가서 헤맬 놈이 많구나. 그것을 놓치지 않고 현사스님이 지적한 것이다. 하지만 현사 자신의 허물은 어쩔꼬?

송(頌)

象骨巖高人不到여
상 골 암 고 인 부 도

到者須是弄蛇手로다
도 자 수 시 롱 사 수

稜師備師不奈何라
능 사 비 사 불 나 하

喪身失命有多少오
상 신 실 명 유 다 소

韶陽知重撥草나
소 양 지 중 발 초

南北東西無處討로다
남 북 동 서 무 처 토

忽然突出拄杖頭하야
홀 연 돌 출 주 장 두

拋對雪峰大張口하니
포 대 설 봉 대 장 구

大張口兮同閃電이라
대 장 구 혜 동 섬 전

剔起眉毛還不見이로다
척 기 미 모 환 불 견

如今藏在乳峯前하니
여 금 장 재 유 봉 전

來者一一看方便하라
내 자 일 일 간 방 편

師高聲喝云
사 고 성 갈 운

看脚下하라
간 각 하

- **상골암(象骨巖)**

  상골산에 있는 바위. 설봉스님. 설봉스님의 경지.
  《경덕전등록》제16권 '복주 설봉 의존선사'조에 "당나라 함통(咸通) 때에 민중(閩中)으로 돌아와서 상골산에 올라가 설봉(雪峰)에다 선원을 지으니…"라고 하였다.

- **소양(韶陽)**

  운문스님. 운문스님이 주석한 절이 광동성 소주부에 있었는데, 이 소주(韶州)를 일명 소양(韶陽)이라고도 했음.

- **유봉(乳峯)**

  설두스님이 주석한 설두산의 한 봉우리.

상골산의 바위 드높아 사람이 오르지 못하니,
오르는 사람은 반드시 이 뱀 다루는 솜씨 있어야 하리.
혜릉스님과 사비스님이 어쩌지 못함이라,
목숨을 잃은 자가 얼마나 많을꼬.
운문스님 알고서 거듭 풀을 헤쳤으나
동서남북에 찾을 곳이 없음이로다.
갑자기 주장자를 불쑥 내밀어서
설봉을 향해 던져 크게 입을 벌리니,
크게 입 벌림이 번갯불과 같은지라
눈썹을 치켜 올려도 전혀 볼 수 없도다.
지금은 유봉 앞에 숨겨져 있으니,
오는 자 낱낱이 묘한 수단 잘 살펴보라.
〈설두스님이 큰 소리로 외치셨다.
"발밑을 보라!"〉

송(頌)

상골산의 바위 드높아 사람이 오르지 못하니,
오르는 사람은 반드시 이 뱀 다루는 솜씨 있어야 하리.

강설(講說)

상골산에 주석하시는 설봉스님은 그 경지가 참으로 아득하여 보통 사람은 접근할 수가 없다. 스스로 목숨을 지키는 솜씨를 갖추지 못했다면 설봉스님을 만나는 순간 이미 죽은 목숨이다.

송(頌)

혜릉스님과 사비스님이 어쩌지 못함이라,
목숨을 잃은 자가 얼마나 많을꼬.

강설(講說)

설봉스님 앞의 대중들을 구하고자 혜릉스님도 사비스님도 최선을 다했다. 혜릉스님은 그 자리에서 "이 자리의 많은 사람이 코브라를 제대로 보지 못해 목숨을 잃을 것입니다."하고 밝혔으며, 사비스님은 설봉스님이 남산이라는 말로 함정을 파고 있음을 밝혀 대중을 구하려 했던 것이다. 그러나 이미 늦었다. 자기 목숨 지키는 일은 누가 대신해줄 수 있는 일이 아님에야 어찌겠는가.

송(頌)

운문스님 알고서 거듭 풀을 헤쳤으나
동서남북에 찾을 곳이 없음이로다.
갑자기 주장자를 불쑥 내밀어서
설봉을 향해 던져 크게 입을 벌리니,
크게 입 벌림이 번갯불과 같은지라
눈썹을 치켜 올려도 전혀 볼 수 없도다.

강설(講說)

운문스님 또한 곧바로 스승의 의중을 파악하였다. 그래서 대중들에게 코브라의 정체를 밝혀주려고 했다. 설봉스님을 향해 마치 코브라가 머리를 곧추세우고 큰 입 벌리듯 해 보였던 것이다. 하지만 그 솜씨를 간파할 자라면 어찌 당하고 있었겠는가. 하긴 그 코브라가 눈

을 부릅뜨고 찾는다고 찾아지는 것이던가.

송(頌)

지금은 유봉 앞에 숨겨져 있으니,
오는 자 낱낱이 묘한 수단 잘 살펴보라.

강설(講說)

설두스님이 다시 기회를 제공했다. 설봉스님이 보여 주려 했던 코브라를 아직 찾지 못했다면 당신이 있는 설두산 바로 '여기'에 있으니 와서 잘 찾아보라고 일러 준다. 그렇지만 코브라를 다루는 솜씨가 있어야만 가능한 일임도 밝혔다.

그런데 이 영감님이 약간 노망기가 있다. 하필 당신 있는 곳을 가리킬게 뭐람!

송(頌)

〈 설두스님이 큰 소리로 외치셨다.
"발밑을 보라!" 〉

강설(講說)

설두 영감님은 노파심이 너무 지나친 감이 있다. 결국 참지 못하고 비밀을 누설하고 만다. "발밑을 보라!" 이래도 모르겠다고? 이미 코브라에 물려 정신을 차리지 못하는 친구로구먼.

제23칙

보복 묘봉
(保福妙峰)

보복스님의
묘봉 꼭대기

"우리 모두가 한 번도 떠나지 않은
절대의 자리"

다람살라 달라이라마 접견실에서 통역하는 장면.
마음도 통역이 될까?

강설(講說)

모든 일에는 적절한 방법이 있다. 예컨대 옥의 질이 어떠한지를 알고 싶으면 불에 넣어보면 되고, 금의 순도를 알고 싶으면 시금석으로 갈아보면 된다. 칼이 정말 잘 드는지를 알고 싶으면 칼날 위에 가는 터럭을 떨어뜨려 보면 되고, 물의 깊고 얕음을 알고 싶으면 지팡이를 넣어보면 된다.

그런데 만약 선지식을 만난다면 그가 이른 경지를 어떻게 파악할 수 있겠는가. 그는 아주 간단한 언어를 통해서나 간단한 행위 또는 비유 등을 통해 그의 경지를 보여줄 수 있고, 능동적이거나 수동적인 방법을 통해서도 보여줄 수 있으며, 한 번의 문답을 통해서도 보여줄 수 있다. 그런 것을 통해서 그가 이른 경지의 깊고 얕음을 알고 싶거나, 또는 그가 정말 진리와 마주하고 있는지 등진 상태인지를 파악하고 싶다면 어떻게 시험할 수 있는 것일까?

질문을 할 수 있으려면 스스로가 핵심을 파악한 경지라야 하고, 상대를 파악하려면 대등한 경지가 아니면 안 될 것이다.

본칙(本則)

擧 保福長慶遊山次에 福以手指云 只
거 보복장경유산차 복이수지운 지

這裏便是妙峰頂이니라 慶云 是則是나 可
저리변시묘봉정 경운 시즉시 가

惜許로다 雪竇着語云 今日共這漢遊山
석허 설두착어운 금일공저한유산

에 圖箇什麽오 復云 百千年後不道無나
도개십마 부운 백천년후부도무

只是少로다 後擧似鏡淸하니 淸云 若不是
지시소 후거사경청 청운 약불시

孫公이면 便見髑髏遍野로다
손공 변견촉루편야

• **묘봉정(妙峰頂)**

『화엄경(華嚴經)』 '입법계품(入法界品)'에 나오는 명칭.

"묘봉고정(妙峰高頂)의 덕운(德雲)비구는 일찍이 이 산을 내려온 적이 없었다. (문수보살의 가르침에 따라) 선재(善財)가 찾아가 7일간을 헤맸으나 만나지 못하다가, 어느 날 다른 봉우리에서 서로 만났다. (덕운비구는 선재를 위해) 한 생각 속에 영원한 시간이 있다는 가르침을 설했고, 또 모든 부처님의 지혜와 그 지혜를 설할 수 있는 능력에 대해 설명해 주었다."

경의 내용에 따르면 한 번도 묘봉정을 떠나지 않았다는 덕운비구를 선재는 다른 봉우리에서 만나 설법을 들은 셈이다. 그럼 묘봉정은 무엇일까? 우리 모두가 한 번도 떠나지 않은 자리이다. 그것은 말로 설명되어지는 자리가 아니다. 또한 나와 상대가 있을 수 없는 자리이다. 그러므로 선재가 그곳에서는 덕운비구를 만날 수 없는 것이다. '방편'이라는 다른 봉우리에서만 만남과 가르침이 가능한 것이다.

• **저한(這漢)**

보복스님과 장경스님.

• **손공(孫公)**

장경스님의 속성이 손씨(孫氏)임.

• **촉루(髑髏)**

해골. 모양만 갖추고 있으면서 영혼이 없는 상태. 깨닫지 못한 이.

이런 얘기가 있다.

보복스님과 장경스님이 산놀이를 할 때 보복스님이 손가락으로 가리키며 "바로 여기가 곧 묘봉정이라네!"라고 하였다.

장경스님이 "그건 확실히 그렇지만 애석하구만." 하였다.

〈설두스님이 한마디 붙여 말했다. "오늘 이 양반들이 함께 산놀이를 하면서 무슨 일을 꾀하는가?"

다시 말했다. "백 천년 뒤에 없다고는 말하지 않겠으나, 극히 적을 것이다."〉

뒤에 (누가) 경청스님에게 이 일을 거론하니, 경청스님이 "만약 장경스님이 아니었다면 곧 해골이 들판에 널린 것을 봤을 것이다."고 하였다.

강설(講說)

우리가 이르고자 하는 절대의 세계는 어디일까? 과연 어떤 모습일까? 이르기 전에는 알 수 없기에 갖가지 추측이 난무하는 문제이기도 하다.

여기에 재미있는 얘기가 있다.

설봉선사의 법제자인 보복스님과 장경스님이 산에 올라 구경을 하고 있었는데, 갑자기 보복스님이 바로 앞의 봉우리를 가리키며 한마디 했다.

"이곳이『화엄경』에서 덕운 비구가 한 번도 떠난 적이 없다던 바로 그 묘봉(妙峰)의 꼭대기라네."

이 말 한마디에는 온갖 설명이 다 들어 있다.『화엄경』에서는 문수보살의 지도를 받아 선재동자가 덕운 비구를 만나러 묘봉정에 이르러 7일간을 찾았으나 만나지 못했다고 한다. 그리고 다른 봉우리에서 겨우 만나 가르침을 받았다고 했다. 분명 덕운 비구는 단 한 번도 묘봉정을 떠난 일이 없다고 했는데, 어째서 다른 봉우리에서 겨우 만났단 말인가? 어찌 경에서 모순되는 얘기를 태연히 해 놓은 것인가? 분별의 입장에서 보면 일견 모순되는 것 같지만, 분별을 놓아버리면 전혀 모

순되지 않기에 그렇게 설명한 것이다.

보복스님은 바로 그 묘봉정을 언급했다.

"선재는 참 쓸데없는 일을 한 것이다. 어찌 멀리 있는 묘봉정을 찾는단 말인가! 게다가 덕운 비구를 그곳에서 찾다니."

보복스님이 아니라면 누가 이렇게 말할 수 있겠는가. 하지만 좋은 약도 잘못 쓰면 목숨을 잃는다.

눈 밝은 장경스님이 옆에 없었더라면, 보복스님의 얘기를 들은 이들은 모두 목숨을 잃었을 것이다.

다행히 장경스님이 있어 다음과 같이 보복스님이 자청해서 만든 허물을 덮었다.

"참 좋은 말씀이지만, 허물을 만든 것은 애석한 일이구먼."

설두스님은 "두 스님이 산놀이를 하면서 묘봉정 얘기를 들먹여 사람들을 어쩌려고 하는가?" 하여 대중들의 경각심을 일깨워 주었고, 다시 "오랜 세월 후에 두 스님의 의도를 알아챌 사람이 없다고는 못하겠지만 결코 많지는 않을 것이다."고 하였다. 경청스님은 보복스님이 만든 함정을 간파해 버렸기에 "장경스님이 아니었더라면 그 애기를 들은 이들이 모두 목숨을 잃었을 것이다." 하였다.

평지풍파를 조심하라!

송(頌)

妙峰孤頂草離離여
묘 봉 고 정 초 리 리

拈得分明付與誰오
염 득 분 명 부 여 수

不是孫公辨端的이면
불 시 손 공 변 단 적

髑髏着地幾人知리오
촉 루 착 지 기 인 지

- **묘봉고정(妙峰孤頂)**

  묘봉의 외로운 꼭대기. 묘봉은 상대적인 여러 봉우리 중의 하나를 가리키는 것이 아님. 그러므로 고(孤)는 절대적인 것을 뜻하는 표현이기도 함.

- **초리리(草離離)**

  풀이 무성한 모양.

묘봉 외로운 봉우리에 풀이 우거졌으니,
드러낸 것은 분명한데 누구에 전해 줄까.
장경스님의 참뜻 밝힌 것 아니었다면,
해골이 땅 뒤덮을 줄 몇 사람이나 알까.

송(頌)

묘봉 외로운 봉우리에 풀이 우거졌으니,

강설(講說)

절대의 자리에 대해서 얼마나 많은 설명이 있었던가. 그러나 그럴수록 사람들은 무명(無明)의 잡초에 뒤덮이게 된다. 보복스님이 "여기가 묘봉정이라네." 한 그 말을 따라 온갖 망상을 일으킨다면 곧 죽은 목숨이나 같다.

송(頌)

드러낸 것은 분명한데 누구에 전해 줄까.

강설(講說)

보복스님은 간결하게 "여기가 묘봉이다."라고 밝혔는데, 문제는 그걸 바로 볼 수 있는 눈 밝은 이가 있느냐 하는 것이다.

송(頌)

장경스님의 참뜻 밝힌 것 아니었다면,

해골이 땅 뒤덮을 줄 몇 사람이나 알까.

강설(講說)

비록 보복스님이 간결하게 표현했어도 마음이 계합하지 못하는 사람이라면 결국 낭떠러지가 되고 만다. 아마도 줄줄이 그 낭떠러지를 향해 나아갔을 것이다. 장경스님이 그것을 바로 짚어 "애석하다"고 밝혔기에 망정이지, 그렇지 않았다면 아마도 시체가 산을 이뤘을 것이다.

아차! 여기 시체 한 구 더 보탰다.

제24칙

철마 자우
(鐵磨牸牛)

철마라 불린 비구니(암소)

"고요하고 깊은 본성의 대궐 거닐 때,
누가 함께 할까"

인도델리국립박물관의 좌대(座臺).
누가 여기 앉을 수 있을까?
도전하려면 목숨을 걸어야 한다.

강설(講說)

해탈하여 초월적인 경지에 이른 사람이라면 더 이상 그를 방해할 것이 없고, 깨달아서 궁극의 깊은 곳으로 들어간 이라면 가령 어느 정도 지혜의 안목을 갖춘 이라도 그를 가늠할 수가 없는 것이다. 이런 인물을 대할 경우, 번개가 치는 찰나에 간파하고 대응하는 솜씨가 있어야만 겨우 상대해 볼 수 있을 것이다. 그러나 비록 번개처럼 빠른 솜씨를 지녔다고 하더라도, 그 뛰어난 솜씨 때문에 오히려 그 의도가 간파되고 말 것이다. 그것은 마치 늙고 영리한 거북이가 모래밭에 알을 낳아 묻은 후 바다로 돌아가면서 자신의 흔적을 없앤다고 꼬리로 발자취를 쓸면서 가지만, 지혜를 갖춘 사냥꾼은 거북이가 남긴 꼬리의 흔적을 따라가서 알을 찾아 먹어 치우는 것이다.

공부하는 이가 이와 같은 초월적 인물을 만났을 경우라면 어떻게 해야 살아날 수 있을까?

본칙(本則)

擧 劉鐵磨到潙山하니 山云 老牸牛汝來
거 유 철 마 도 위 산 산 운 노 자 우 여 래

也아 磨云 來日臺山大會齋에 和尙還去
야 마 운 내 일 대 산 대 회 재 화 상 환 거

麽아 潙山이 放身臥어늘 磨便出去하다
마 위 산 방 신 와 마 변 출 거

- **철마(鐵磨)**

  생몰 연대 미상. 당대(唐代)의 비구니 스님. 속성은 유(劉)씨. 워낙 거칠고 상대하기 힘들어 '쇠맷돌(鐵磨)'이라는 별명으로 불림. 담주의 위산(潙山)에 암자를 짓고 살면서 그 산의 어른이셨던 위산 영우(潙山靈祐; 771~853) 선사에게 지도를 받고 깨달았다고 함.

- **노자우(老牸牛)**

  늙은 암소. 제자 유철마에 대한 위산선사의 아끼는 마음을 읽을 수 있다. 위산선사도 스스로를 '수고우(水牯牛)'라고 자칭하기도 했다. '소'는 스님들이 즐겨 쓰는 비유이다. 특히 깨달음을 '소 찾는 일'로 설명하는 것은 잘 알려진 일.

이런 얘기가 있다.

비구니 유철마가 위산선사의 처소에 들어서니, 위산선사께서 말씀하셨다.

"늙은 암소 자네 왔는가."

유철마가 받아서 말하였다.

"내일 오대산의 큰 법회에 큰스님께서 가시겠습니까?"

위산선사께서 벌렁 누워 버리니, 유철마가 바로 나가 버렸다.

강설(講說)

때로는 한마디 말로 팔만대장경을 대신할 수 있고, 때로는 한 행위로 십만 팔천 법문을 대신할 수 있다.

비구니 유철마는 위산선사께서 주석하시던 큰 절에서 그리 멀지 않은 곳에 암자를 짓고 살면서, 스승 위산선사를 찾아뵙고 법을 묻곤 하였다. 평소처럼 유철마 비구니가 기세당당하게 위산선사의 거처를 찾았는데, 선사께서는 아끼는 마음을 담아 한마디 하셨다.

"여, 늙은 암소! 자네 왔는가?"

일반인이 듣기에 정말 평범한 인사말이지 않은가? 그런데 여기에 대한 유철마의 대응이 너무나 엉뚱하다.

"내일 오대산에 큰 법회가 열린답니다. 큰스님 가시겠습니까?"

위산에서 오대산까지의 거리는 당시 하루에는 절대로 갈 수 없는 먼 곳이었다. 그런데 왜 이런 질문을 한 것일까? 오대산은 스승 위선선사의 반응을 보기 위한 함정이다. 그럼 무엇을 물은 것인가? 그것은 처음 위산선사의 인사에 그 힌트가 있다. 얼핏 인사처럼 보이는 위산선사의 말씀은 날카로운 질문이기도 했던 것이다. 자, 그럼 무엇이 질문이었을까? 선어록이나 선문답을 대할 때는 경계심을 늦추면 안 된다. 망설이는 사이에 번개처럼 상대의 칼날이 자신의 목을 지나가는 것이다. 공부하는 사람이라면 평범한 듯한 위산선사의 인사말에서 번쩍이는 칼날을 볼 수 있을 것이다.

위산선사의 질문을 유철마는 다시 질문으로 응한 셈이다. 보통 사람들은 언제 칼을 뽑아 휘둘렀는지를 보기 어렵다. 그러나 고수는 처음부터 다 지켜보고 방어도 하고 공격도 한다.

유철마의 질문에 위산선사는 벌렁 드러누워 버렸다. 이무 일도 없다는 듯이. 이보다 더 좋은 답이 어디 있으랴. 유철마 역시 더 이상 있을 필요가 없었다. 그래서 나가 버렸다.

참 군더더기 없는 모습이다. 이치적으로 따지고 물어봤자 매만 자초할 뿐이다.

송(頌)

曾騎鐵馬入重城하니
증 기 철 마 입 중 성

勅下傳聞六國淸이라
칙 하 전 문 육 국 청

猶握金鞭問歸客하니
유 악 금 편 문 귀 객

夜深誰共御街行고
야 심 수 공 어 가 행

- 기철마(騎鐵馬)

  '철마를 타고'는 완전무장한 장수의 모습 같은 당당한 유철마를 가리킨 말.

- 중성(重城)

  '첩첩한 성'은 위산선사의 깊은 경지를 가리킴.

- 육국(六國)

  여섯 가지 감각기관(육근)과 그로 인한 여섯 가지의 인식(육식).

- 귀객(歸客)

  모든 일을 다 마친 경지의 사람.

- 어가(御街)

  대궐 안의 길. 깨달음의 경지.

어느 날 무쇠 말을 타고 첩첩한 성으로 들어가니,

여섯 나라가 평정되었다는 칙령 내림 전해 들었네.

그래도 황금 채찍 쥐고는 돌아오는 길손에게 묻나니,

밤 깊어 고요한 때 누구와 더불어 대궐 길을 거닐거나?

송(頌)

어느 날 무쇠 말을 타고 첩첩한 성으로 들어가니,

여섯 나라가 평정되었다는 칙령 내림 전해 들었네.

강설(講說)

이것은 유철마가 위산 선사의 처소에 이르러 선사의 말씀을 들은 대목을 짚었다. 법을 묻는 자는 모름지기 유철마처럼 해야 할 것이다.

만약 굶주린 동물이 눈앞의 먹이를 놓쳐버린다면 어떻게 될까? 죽는 길밖에 없다. 깨달음을 갈구해서 구도의 길에 나선 수행자라면 바로 그와 같은 자세로 공부에 임해야 한다. 수행은 취미생활도 아니고 작은 마음 안정이나 얻고자 시작하는 일이 아니며, 노후대책은 더더군다나 아니다. 마음 안정을 얻을 목적이라면 자기 취향에 맞는 건전한 취미생활로도 충분하다. 하지만 깨달음을 향한 구도수행은 자신의 인생을 걸어야 하고 자기의 목숨을 던져야 하는 일이다. 히말라야 8천 미터 고봉정상에 오르는 것은 목숨을 건 일이라서, 건강을 위해 뒷동산 산책하는 것과는 완전히 다른 것이다.

유철마 비구니는 첩첩한 위산 선사의 깊은 성안으로 깊숙이 들어갔다. 목숨을 걸고 한바탕 전쟁도 불사할 각오였던 것이다. 하지만 이미 분별 망상이 다 평정되었음을 통고 받았으니, 장부의 일이 문득 끝났다. 다시 무슨 전쟁 따위를 치를까 보냐.

송(頌)

그래도 황금 채찍 쥐고는 돌아오는 길손에게 묻나니,
밤 깊어 고요한 때 누구와 더불어 대궐 길을 거닐거나?

강설(講說)

이것은 유철마가 위산선사께 묻고, 위산선사가 누워버리자 유철마가 나간 대목을 짚었다.

만약 조금이라도 의심이 있다면 확실하게 점검하라. 유철마는 정말 모든 것이 필요 없는 평화가 실현된 것인지를 확인하고 싶었다. 그래서 머나먼 오대산의 법회를 들먹였다. 짐짓 함정을 파 보았다. 유철마가 스승을 시험했다고 나무랄 것인가? 그럼 누구를 시험한단

말인가. 그런 시험도 간파하지 못한다면 어디 스승이라고 할 수 있겠는가.

위산선사는 지체 없이 유철마가 파놓은 함정을 평정해 버렸다. 여기에 유철마가 다시 전방을 떨었다면 위산 선사의 취모검(吹毛劍)이 빛을 뿌렸을 것이다. 유철마 또한 물러나는 법을 알고 있었다.

자! 모든 것 다 끝나 고요하고 깊은 그 본성의 대궐을 거닐 때, 과연 누가 함께 할 수 있을 것인가.

제25칙

연봉 주장
(蓮峰拄杖)

연화봉 주장자

"아직도 못 만났다면 은산철벽 향해
몸을 던져 보라"

연잎 위에서 노를 젓는 동자(성혈사 문).
이 친구 아직도 이러고 있구먼.

강설(講說)

마음이 무언가에 고정되어 있다면 그 대상이 아무리 훌륭한 것이라고 해도 집착이다. 이미 집착한 것이니 괴로움의 나락에 떨어져 있는 셈이다. 마음이 어떤 틀에 갇힌 것은 아직 자유자재한 해탈의 경지가 아니다. 그래서 『금강경』에서는 고정된 관념인 상(相)에서 벗어나야 한다고 처음부터 끝까지 강조했다.

새로운 길을 제시할 힘이 없어 누구나 다 아는 얘기를 앵무새처럼 되풀이하고 있다면, 차라리 입을 다물고 자기 내면을 보라. 상황은 매순간 끝없이 변화고 있는데도 같은 말만 되풀이하고 있다면, 그것은 이미 살아 있는 언어라고 할 수가 없다. 그러니 자신의 지혜로 살아 있는 언어를 구사해야 비로소 다른 사람들을 일깨울 수 있는 것이다.

자료를 모아 분석하고 종합하는 것이야 자신을 위해 누구나 하는 일이지만, 사람들을 해탈의 길로 인도하는 선지식은 찰나에 눈앞의 사람이 해탈의 길에 있는지 속박의 길에 있는지를 파악할 수 있어야 한다. 그래야만 상대를 칭찬해서 지도할지 나무라서 인도할지

를 가릴 수 있는 것이다. 이런 경지에 이른 사람이라면 천하의 그 누구도 그를 어쩔 수 없을 것이고, 그런 경지에 우뚝한 사람이라야 참다운 지도자라고 할 수 있는 것이다.

자, 이런 사람을 본 적이 있는가? 아직도 만나지 못했다면 은산철벽(銀山鐵壁)을 향해 몸을 던져 보라.

연화봉암주(蓮花峰庵主)는 송대(宋代) 초기 천태산(天台山) 연화봉(蓮花峰) 아래에 암자를 짓고 지낸 '상(祥)'이라는 선승(禪僧)을 가리킨다. 예전엔 스님의 법호 중 뒤의 한 글자를 지칭한 경우가 많아서 '상 선사(祥禪師)로만 알려져 있는데, 운문 문언 선사(雲門文偃禪師, 864~949)의 법제자인 금릉(金陵) 봉선사(奉先寺) 도심 선사(道深禪師)의 제자라는 것 외에는 알려진 것이 없다.

공부하는 이들이 찾아오면 주장자를 잡고서 "옛사람은 여기 이르러 무엇 때문에 머물기를 즐겨하지 않았는가?"하고 묻기를 20년 동안을 계속했으나 그의 마음에 드는 답을 한 이가 아무도 없었다고 한다.

본칙(本則)

擧 蓮花峰庵主가 拈拄杖示衆云호대 古
거 연 화 봉 암 주 염 주 장 시 중 운 고

人이 到這裏하야 爲什麽不肯住오 衆無語
인 도 저 리 위 십 마 불 긍 주 중 무 어

라 自代云 爲他途路不得力이니라 復云
자 대 운 위 타 도 로 부 득 력 부 운

畢竟如何오 又自代云 楖栗橫擔不顧
필 경 여 하 우 자 대 운 즐 률 횡 담 불 고

人하고 直入千峯萬峯去로다
인 직 입 천 봉 만 봉 거

- **주장(拄杖)**

  주장자. 선지식들이 법문할 때 즐겨 사용하는 지팡이. 본래면목(本來面目), 청정본성을 상징하는 말이기도 함.

- **즐률(楖栗)**

  즐률나무는 주로 주장자를 만드는데 사용되었음. 여기서는 '주장자'라는 뜻임.

이런 얘기가 있다.

연화봉의 암주가 주장자를 집어 들어 대중에게 보이며 말했다. "옛사람들은 여기에 이르러서 무엇 때문에 머물려고 하지 않았을까?"

대중이 답을 하지 않자, 자신이 후학들을 대신하여 말했다.

"그들이 가는 길에 소용이 없었기 때문이지."

다시 말했다.

"결국에는 어떻게 하는가?"

또 자신이 대중을 대신해 답했다.

"주장자를 둘러멘 채 사람을 돌아보지 않고, 곧장 천 봉 만 봉 그 속으로 들어간다네."

강설(講說)

깨닫지 못하고 우왕좌왕하는 이들을 위해서는 목적지를 제시해 주어야 비로소 앞으로 나아갈 마음을 낸다. 그래서 괴로움으로부터 탈출하고자 하는 사람에게는 괴로움이 없는 자리를 제시했다. 그것을 '본래의 모습'이라는 뜻으로 본래면목(本來面目)이라고도 하고, '청정한 본래의 성품'이라는 뜻으로 청정자성(淸淨自性)이라고도 하며, '본연의 모습인 변하지 않는 본성'이라는 뜻으로 진여자성(眞如自性)이라고도 한다.

옛 성현들이 객지에서 지친 모습으로 거지 노릇하는 사람에게 문전옥답이 있는 고향집으로 돌아가라고 일깨워주는 것은, 고향집에 가서 낮잠이나 자라는 뜻이 아니다. 그러니 고향집에 돌아왔다고 하더라도 모든 괴로움을 끝냈다는 생각을 하지는 말라.

그럼 어떻게 해야 한다는 말인가?

고향집에 이른 사람은 타향살이의 괴로움도 훌훌 털어버려야 하지만, 그 '고향집'에도 연연하지 않는 법이다. 집이나 지키는 사람은 아직 '고향집'을 모르는 사람이다. 약간의 수행으로 조금 편안해졌다고 자만한다

면, 늙어서 수행할 힘도 없을 때 반드시 후회하게 될 것이다. 그러니 포기도 하지 말고 자만도 하지 말라.

주장자 둘러메고 사람을 돌아보지 않는다는 것은 어떤 경지인가?

경허(鏡虛)선사께서는 『오도가(悟道歌)』의 처음과 끝에 「사고무인(四顧無人)이라 의발수전(衣鉢誰傳)가 의발수전(衣鉢誰傳)가 사고무인(四顧無人)이로다」

즉 "사방을 둘러봐도 사람이니 법이니 하는 따위가 없는데 누가 가사와 발우를 전하고 전해 받는다는 헛소리를 하느냐!"고 일갈하셨다.

그럼 천 봉 만 봉 그 속으로 곧장 들어간다는 말은 무엇인가?

혹시 히말라야와 같은 첩첩 산중으로 숨는다고 생각했다면 그대는 지금 연화봉 암주를 오물 구덩이에 밀어 넣은 것이다.

송(頌)

眼裏塵沙耳裏土여
안 리 진 사 이 리 토

千峯萬峯不肯住로다
천 봉 만 봉 불 긍 주

落花流水太茫茫이라
낙 화 류 수 태 망 망

剔起眉毛何處去오
척 기 미 모 하 처 거

눈 안엔 티끌모래, 귀 속엔 흙이여!
천 봉 만 봉에도 머물길 즐겨 않네.
지는 꽃 흐르는 물 너무나 아득해라
눈 부릅뜨고 찾아도 사라져 버렸네.

- **척기미모(剔起眉毛)**

눈썹을 치켜뜸. 눈을 부릅뜨고 찾아봄.

송(頌)

눈 안엔 티끌모래, 귀 속엔 흙이여!

강설(講說)

설두 영감님은 연화봉 암주의 경지를 멋지게 표현하고 있다. 눈을 반짝이고 귀를 세우는 일이야 누구나 하지만, 눈과 귀에 티끌모래와 흙이 가득한 듯 바보와 같이 된 그 경지로 나아가기가 힘든 것이다. 서푼 어치도 되지 않는 것을 보았다고 눈에 힘주지도 말고, 옛 선배들이 던져 놓은 영양가 없는 말들 앵무새처럼 읊조리지도 말라.

송(頌)

천 봉 만 봉에도 머물길 즐겨 않네.

강설(講說)

암주의 마지막 말을 오해할까 염려하여 설두노인은 다시 한 번 뒤집어 보였다. 암주는 결코 천 봉 만 봉에 머물려 한 것이 아니다. 봉우리라는 말에 놀아나지 말

라. 그럼 도대체 어디로 갔다는 말인가?

송(頌)

지는 꽃 흐르는 물 너무나 아득해라

눈 부릅뜨고 찾아도 사라져 버렸네.

강설(講說)

연화봉 암주는 이미 분분하게 떨어지는 꽃잎이 되고 도도히 흘러가는 물이 되어 아득할 뿐이다. 그러니 설사 눈을 부릅뜨고 찾으려 해도 그는 더 이상 모습을 보여주지 않을 것이다. 찾고자 한다면 스스로가 그 경지에 이르는 수밖에 다른 방도가 없다. 혹여 아직도 지금 세상에는 도인도 선지식도 없다고 헛소리하고 있는가? 우선 자신의 눈에 잔뜩 낀 눈곱부터 떼고 난 뒤에 둘러보라.

제26칙

백장 대웅봉
(百丈大雄峰)

백장선사의
대웅봉

"가장 성스러운 진리는
홀로 여기에 앉아 있는 것"

부처님께서 제자들과 길을 가시는 모습.
말씀 이전, 그림 이전 부처님을 봐야하리.

강설(講說)

벽암록은 간화선 수행자들의 교재이다. 물론 한국의 전통적인 참선 수행은 간화선 수행이다. 간화선(看話禪)이란 '화두를 지속하는 선 수행'을 가리키는 말이며, 이때의 화두(話頭)는 '근본에 대한 의심'이라는 뜻이다. 한 예로 '부모미생전 본래면목(父母未生前 本來面目)의 화두를 참구하는 수행을 설명해 보자. '부모님이 낳아 주기 전의 내 본래의 모습은 무엇인가?'라는 의심을 들고 끝없이 참구하는 것이 간화선 수행법이다. 이 의문에 대한 답은 무엇일까? 정해진 답은 없다. 오직 스스로 의심의 벽을 뚫고 확 터질 때가 답을 얻는 순간이다.

이 간화선을 할 때 두 가지 병을 조심해야 한다.

병의 하나는 의심 없이 '부모미생전 본래면목'만 속으로 되풀이하는 것이다. 이 방법으로 오래가면 멍해지는 혼침(昏沈)에 빠지게 되는데, 만약 혼자서 이 방법으로 선 수행을 하면 시간 가는 줄도 모르고 바위처럼 앉아있는 무기정(無記定)에 떨어진다. 무기정에 빠지면, 죽비 한 번 치고 앉았는데 하루 또는 그 이상의 시간이 지나가 버린다. 그것이 수행인 줄 착각하면 평생

을 깨닫지 못한 채 일생을 허비하게 된다.

또 다른 병은 갖가지로 분석하는 것이다. 온갖 사전적인 풀이를 동원해서 이해의 답을 얻으려는 것이다. 비록 외형은 가만히 앉아 있으나 온갖 분별을 일으켜 속은 시끄럽기 짝이 없어진다. 선 수행에 관심을 둔 초보자가 두 번째 방법에 빠지기 쉽다. 이해하려고 애만 쓰다가 지쳐 포기하고 만다.

그런데 찬선 수행을 처음 한 이가 누구일까? 바로 싯다르타였다. 십 대 때부터 싯다르타 태자는 '생사'에 대한 의문을 가지고 어떻게 하면 생사윤회로부터 자유로울 수 있을까를 파고들었다. 즉 '생사해탈(生死解脫)'이 싯다르타의 화두였던 셈이다. 출가 전에도 엄청난 노력을 했지만 답을 얻지 못하자 출가하여 목숨을 걸고 참선수행을 하였다. 마지막 보리수 아래의 깨달음이 '생사해탈'이라는 화두를 타파한 순간이었다. 그러니 간화선은 싯다르타로부터 시작된 것이다. 당연히 선(禪)은 성불 이전에 깨닫기 위한 수행이었고, 교(敎)는 깨닫고 난 후의 가르침이었다. 그 가르침이라는 것이 온통 수행방법을 설명한 것인데, 방법을 달달 외운다고 수행이 저절로 되겠는가.

백장선사(百丈禪師,749~814)는 마조 도일선사(馬祖道一禪師)의 법제자인 회해(懷海)선사를 가리킨다. 회해선사에게 귀의한 사람들이 강서성(江西省) 홍주(洪州)의 대웅산(大雄山)에 대지성수선사(大智聖壽禪寺)를 세워드리니, 그곳에서 후학을 지도하셨다. 대웅산은 높고 험준하여 일명 백장산(百丈山)으로 불리기도 했는데, 그 이름을 따서 백장선사라고 존칭하게 되었다.

회해선사는 이곳에서 선원의 자세한 규칙을 제정하여 시행하였는데, 그것이 방대한 백장청규(百丈淸規)이다. 선사는 말년에도 계속 대중과 함께 작업을 하셨는데, 좀 쉬게 해 드리려고 농기구를 감췄더니 그날 공양을 드시지 않으셨다. 바로 유명한 '하루 일하지 않으면 하루 먹지 않는다.'는 일일부작 일일불식(一日不作一日不食)을 몸소 보여주신 것이다.

선사의 제자로서는 중국 선종에 우뚝한 위산 영우(潙山靈祐)선사와 황벽 희운(黃檗希運)선사 등이 있다.

본칙(本則)

擧 僧問百丈호대 如何是奇特事닛고 丈云
거 승문백장 여하시기특사 장운

獨坐大雄峰이니라 僧이 禮拜하니 丈이 便打
독좌대웅봉 승 예배 장 변타

하다

이런 얘기가 있다.

어떤 스님이 백장선사께 여쭈었다. "어떤 것이 기이하고 특별한 일입니까?"

백장선사가 답하였다. "홀로 대웅봉에 앉은 것이니라."

그 스님이 절을 하니, 백장선사가 바로 후려쳤다.

- **기특사(奇特事)**

  기이하고 특별한 일. '가장 뛰어난 성스러운 진리'라는 뜻의 성제제일의(聖諦第一義)와 같은 말.

강설(講說)

우리나라 불자들이 가장 좋아하는 〈금강경〉의 핵심은 무엇일까? 대부분 소명태자가 분류한 제3분 '대승정종분'을 꼽을 것이다. 하지만 부처님 모습을 확실하게 보여준 것은 가장 앞부분 즉 '법회인유분'이다. 경은 부처님의 가르침이고 우리가 깨닫고자 하는 자리는 부처님의 자리이다. 그 자리는 언어 이전이다. 이것을 참고하여 위 본칙을 보자.

한 스님이 백장선사께 "어떤 것이 기특한 일입니까?" 하고 여쭌 것은 가장 궁극적인 것에 대한 질문이다. 양무제도 달마대사께 "무엇이 가장 으뜸가는 성스러운 진리입니까?"하고 질문한 일이 있다. 그때 달마대사께서는 "툭 터져서 성스럽다고 할 것이 없습니다." 고 답하였다. 백장선사는 참 위대한 선지식이다. 선사는 곧바로 "홀로 여기(대웅봉)에 앉아 있는 것!"이라고 답하셨다. 이것은 석가세존께서 당시의 힌두교 창조설인 'Brahmā창조설'을 뒤집어버린 '유아독존(唯我獨尊)'이라는 일갈과도 같은 것이다. 모든 문제의 해답은

결코 밖에 있는 것이 아니다.

이 질문은 선문답에서 대단히 자주 등장한다. 그러나 천하의 선지식에게 곧바로 이 질문을 던질 수 있는 사람이 그리 많지는 않다. 백장선사께 질문을 던진 이는 대단한 용기를 지닌 인물이다. 뿐만 아니라 어느 정도 안목도 갖춘 사람이다. 그렇기에 선사의 답을 듣자마자 큰절을 올렸다.

그에게 용기도 있었고 어느 정도의 안목도 있었으나 다음 순간 벌써 바닥을 보였으니 어쩌겠는가. 백장스님의 자비를 그가 알기는 했을까?

송(頌)

祖域交馳天馬駒하니
조 역 교 치 천 마 구

化門舒卷不同途로다
화 문 서 권 부 동 도

電光石火存機變이나
전 광 석 화 존 기 변

堪笑人來捋虎鬚로다
감 소 인 래 랄 호 수

- **조역(祖域)**

  조사의 영역.

- **화문(化門)**

  교화의 방법. 제자 또는 후학을 지도하는 방법.

- **서권(舒卷)**

  펴는 것과 마는 것. 밖으로 펼치는 것과 거두어들이는 것. 긍정하는 것과 부정하는 것.

조사의 영역을 질주하는 천리마여,
지도함에 취락폐락함이 다르구나.
상황 따라 바꾸는 능력 빠르지만
우습다, 범 수염 잡으러 온 사람이네.

송(頌)

조사의 영역을 질주하는 천리마여.

강설(講說)

백장선사의 지도법은 달마조사께서 보이신 경지를 너무나 잘 펼쳐 보임이로다.

송(頌)

지도함에 취락펴락함이 다르구나.

강설(講說)

후학을 지도함에 있어 놓아 주기도 하고 잡아들이기도 하는 방법이 자재하여 다른 선사들과는 차이가 있다. 상대가 파고들 때와 예를 갖출 때의 대응을 잘 살펴보라.

송(頌)

상황 따라 바꾸는 능력 빠르지만
우습다, 범 수염 잡으러 온 사람이네.

강설(講說)

질문을 던진 스님이 비록 상황 따라 대응하는 재치가 있긴 했다. 그러나 그의 능력은 거기까지였다. 천하의 호랑이 같은 백장스님의 수염을 잡으려 하는 꼴이 되고 말았음을 어찌 하랴.

제27칙

체로금풍
(體露金風)

가을바람에 온몸이 드러났다

"넓은 들녘에 찬바람 불고,
먼 하늘에 성근 비 자욱하니…"

석가모니께서 즐겨 머무셨던 인도 영취산의 여래향실(如來香室),
세존의 설법을 듣지 못한다면 헛걸음만 하는 것이다.

강설(講說)

뛰어난 선지식은 그 솜씨가 능수능란하여 언제나 후학이 알고자 하는 그 이상을 밝혀 준다. 다만 즉시에 그것을 자기 것으로 만드는 사람과 그렇지 않은 사람이 있을 뿐이다. 뿐만 아니라 어느 정도의 역량이 보이기만 하면 적절하게 도와서 스스로 깨달음에 이르도록 한다. 물론 그런다고 모두가 완벽한 깨달음에 이르는 것은 아니다. 어디 그뿐이랴! 바른 길로 이끌기 위해서라면 가령 눈 밝은 이들의 빈축을 살만한 일이라도 마다하지 않고 후학을 위해 몸을 던진다.

하지만 이 모든 선지식의 노력도 본인이 철저하게 준비되지 않은 상태에서는 허사가 될 뿐이다.

본칙(本則)

擧 僧問雲門호대 樹凋葉落時如何닛고 雲
거 승문운문 수조엽락시여하 운

門云 體露金風이니라
문운 체로금풍

- **수조엽락(樹凋葉落)**

  나무에 물기가 마르고 잎이 떨어짐. 늦가을 나무의 모습. 번뇌가 다 떨어지고 본체만 남음.

- **체로(體露)**

  (나무의) 본체가 고스란히 드러남.

- **금풍(金風)**

  서풍 즉 가을바람. 오행(五行)에서 서쪽은 금(金)에 해당하기에 가을에 부는 서풍을 금풍이라고도 함.

이런 얘기가 있다.

어떤 스님이 운문선사께 여쭈었다.

"나무가 마르고 잎이 떨어진 때는 어떻습니까?"

운문선사가 답하였다.

"가을바람에 온몸이 드러났지."

강설(講說)

불교를 공부하는 사람이라면 누구나 본체 또는 본래면목을 궁금해 한다. 물론 깨닫고 나면 물을 것도 없겠지만, 아직 깨닫지 못한 상태에서는 궁금한 것을 어쩌겠는가. 하긴 눈만 멀뚱거리거나 꾸벅꾸벅 졸고 있는 것보단 이렇게 묻는 놈이 훨씬 더 나을 것이다.

여기 등장한 스님은 천하의 운문선사께 본래면목에 대한 질문을 던졌다. 은유적인 표현으로 질문한 솜씨를 보면 분명 평범한 인물은 아니다.

"나무가 삐쩍 마르고 잎이 다 떨어져 버린 때는 어떠합니까?"

이렇게 질문하기가 그리 쉬운 일은 아니다. 참 멋진 질문 아닌가. 적어도 질문을 던질 때는 이 정도는 되어야 한다.

큰 나무에 봄 새싹이 돋을 때 얼마나 대견한가. 처음 발심해서 공부하는 사람이 이러하다. 여름에 온통 싱그러운 잎에 덮였을 때는 또 어떠할까? 정말 멋들어진 모습 아닌가. 교학을 완성한 학자의 모습이 이러할 것이다. 가을 단풍이 울긋불긋 숨었던 색을 토할 때는 또 어떠한가. 늙은 수행자의 노숙해진 모습이 연상되지 않는가. 하지만 이 모든 것은 그저 변해가는 모습일 뿐이다.

온갖 망상이 다 사라진 경지는 어떠합니까?

이 용기 있는 질문에 운문선사는 아주 시원한 답을 하셨다.

“가을바람에 온몸 드러났지.”

쌀쌀한 늦가을 바람에 낙엽마저 다 떨어진 뒤의 모습은 어떠할까?

운문선사가 질문한 뜻에 따라 적절한 상황을 답한 것이라고 생각했다면 이미 돌이킬 수 없는 곳으로 떨어져 버렸다. 눈에 보이는 것에 속지 말 것.

운문선사는 뼛속까지 시원한 경지를 보여주신 것이다.

송(頌)

問旣有宗하니 答亦有同이요
문 기 유 종 　답 역 유 동

三句可辨하면 一鏃遼空하리라
삼 구 가 변 　일 촉 요 공

大野兮涼飈颯颯하고
대 야 혜 량 표 삽 삽

長天兮疎雨濛濛이라
장 천 혜 소 우 몽 몽

君不見가 少林久坐未歸客이
군 불 견 　소 림 구 좌 미 귀 객

靜依熊耳一叢叢이로다
정 의 웅 이 일 총 총

- **문기유종(問旣有宗)**

  종(宗)은 근원 또는 근본. 따라서 물음 자체에 불교의 근원적인 것을 담고 있다는 뜻.

- **삼구(三句)**

  운문스님의 상수제자인 덕산 연밀(德山緣密)스님이 『운문광록(雲門廣錄)』에서 스승의 지도를 세 가지로 정리한 것.

  ①함개건곤(函蓋乾坤) : 하늘과 땅을 덮고 포용한다는 뜻으로, 절대의 진리가 온 천지에 그대로 드러나 있음을 가리킴.

  ②절단중류(截斷衆流) : 모든 흐름을 끊어 버린다는 뜻으로, 제자의 모든 망상을 단번에 잘라 버리는 것을 가리킴.

  ③수파축랑(隨波逐浪) : 파도를 타고 물결을 따른다는 뜻으로, 제자의 자질에 따라 가장 적절한 방법으로 지도함을 가리킴.

- **삽삽(颯颯)**

  바람이 쌀쌀하게 부는 소리.

- **몽몽(濛濛)**

  비안개가 자욱함.

- **웅이(熊耳)**

  소림사가 있는 숭산(崇山)의 다른 이름인 웅이산.

질문에 이미 근본이 있으니,
답에 또한 같은 것 있구나.
세 구절 가히 헤아려진다면,
한 화살이 멀리 허공이로다.
넓은 들녘이여, 찬바람 쌀쌀히 불고,
먼 하늘이여, 성근 비가 자욱하구나.
그대 보지 못하는가!
소림에 오래 앉아 돌아가지 않은 객,
고요히 웅이산 한 숲속 살아 있음을.

송(頌)

질문에 이미 근본이 있으니,
답에 또한 같은 것 있구나.

강설(講說)

"나무가 삐쩍 마르고 잎이 다 떨어져 버린 때는 어떠합니까?"라는 질문도 근본을 지적하고 있는 것이고, "가을바람에 온몸 드러났지."라는 답 또한 본질을 확연히 드러낸 답이다. 하지만 어쩌누? 여전히 나무만 살피며 나날을 보내고 있다면 운문선사의 수고를 저버리는 것인데.

송(頌)

세 구절 가히 헤아려진다면,
한 화살이 멀리 허공이로다.

강설(講說)

설두스님은 운문스님의 간단한 답에 온 천지가 진여의 모습임을 드러낸 가르침과, 수행자의 일체 분별을

다 끊어버리는 가르침과, 자질에 맞춰 적적히 지도하는 가르침의 세 가지가 다 갖춰져 있음을 지적하고 있다. 만약 이 도리를 분명히 보았다면, 운문의 정수리를 밟고 저 허공으로 날아오를 수 있을 것이다.

- 세 구절(三句)

  운문스님의 상수제자인 덕산 연밀(德山緣密)스님이 『운문광록(雲門廣錄)』에서 스승의 지도를 세 가지로 정리한 것.

  ①함개건곤(函蓋乾坤) : 하늘과 땅을 덮고 포용한다는 뜻으로, 절대의 진리가 온 천지에 그대로 드러나 있음을 드러냄.

  ②절단중류(截斷衆流) : 모든 흐름을 끊어 버린다는 뜻으로, 제자의 모든 망상을 단번에 잘라 버리는 것을 가리킴.

  ③수파축랑(隨波逐浪) : 파도를 타고 물결을 따른다는 뜻으로, 제자의 자질에 따라 가장 적절한 방법으로 지도함을 가리킴.

송(頌)

넓은 들녘이여, 찬바람 쌀쌀히 불고,

먼 하늘이여, 성근 비가 자욱하구나.

강설(講說)

설두 영감님은 운치를 아는 분이다. "가을바람에 온

몸 드러났지."라는 운문스님의 답을 이처럼 멋지게 풀어 놓다니. 스스로 그와 같은 경계를 맛보지 못한 이라면, 아마도 쌀쌀한 바람과 비를 이기지 못해 심한 감기만 앓게 될 것이다.

송(頌)

그대 보지 못하는가!

강설(講說)

팔만대장경과 모든 선어록을 가마솥에 넣고 백 년 동안 달이면 이윽고 이 구절이 떠오를 것이다. '그대 보지 못하는가!'

어떤가? 봤는가? 누가 그대의 눈을 수술이라도 해 주길 바라는가?

송(頌)

소림에 오래 앉아 돌아가지 않은 객,
고요히 웅이산 한 숲속 살아 있음을.

강설(講說)

설두 노인의 자비심은 거의 노파가 집 나간 환갑 지난 아들 염려하는 수준이다. 이미 앞에서 지나칠 정도로 친절을 베풀었건만, 이제 다시 달마조사의 경계에 빗대어 일깨워 주려고 하고 있다.

제28칙

불시심 불시불 불시물
(不是心不是佛不是物)

마음도 아니고
부처도 아니며
사물도 아니다

"거울을 깨뜨려버릴 수 있다면 무엇인들 보지 못하랴"

청나라 라빙(羅聘,1733~99)의 작품으로 알려져 있는 한산습득도.
당신은 이런 친구가 될 수 있는가?

남전 보원(南泉普願, 748~834)선사는 마조 도일(馬祖道一)선사의 법제자이며 조주선사의 스승이시다. 조주스님에게 '평상심시도(平常心是道)'의 가르침을 설파하셨다. 또 동당과 서당의 스님들이 고양이의 소유권으로 시끄럽게 하자, "누구라도 적절한 말을 한마디 한다면 이 고양이를 살려 주겠다."고 하였으나 아무도 답을 하지 못하자 바로 칼로 고양이를 두 동강 내었다는 선사이시다.

백장 열반(百丈 涅槃)화상은 마조선사의 법제자인 백장 회해(百丈懷海, 720~814)선사의 제자인 백장 유정(百丈惟政)화상이다. 회해선사의 뒤를 이어 백장산의 제2대 책임을 맡았던 뛰어난 제자였으며, 황벽선사 등도 존경했던 분이다. 열반경에 정통하였기에 흔히 열반화상으로 존칭되었다. 정확한 전기는 전하지 않는다.

본칙(本則)

擧 南泉參百丈涅槃和尙한대 丈問 從上
거 남전참백장열반화상 장문 종상

諸聖이 還有不爲人說底法麽닛가 泉云
제성 환유불위인설저법마 전운

有니다 丈云 作麽生是不爲人說底法이
유 장운 자마생시불위인설저법

닛가 泉云 不是心不是佛不是物이니다 丈
전운 불시심불시불불시물 장

云 說了也닛가 泉云 某甲只恁麽어니와 和
운 설료야 전운 모갑지임마 화

尙作麽生이닛고 丈云 我又不是大善知
상자마생 장운 아우불시대선지

識이거니 爭知有說不說이리오 泉云 某甲不
식 쟁지유설불설 전운 모갑불

會니다 丈云 我太煞爲儞說了也니다
회 장운 아태쇄위이설료야

- **남전(南泉)**

  '남천'으로 읽으면 안 됨.
- **참(參)**

  보통은 아랫사람이 어른을 찾아뵙고 가르침을 청한다는 뜻으로 쓰이지만, 여기에서는 방문하였다고 풀이하는 것이 좋음.
- **자마생(作麽生)**

  '어떤 것'이라는 뜻. '작마생'으로 발음하지 않고 '자마생'으로 읽는 것이 관행임.
- **태쇄(太煞)**

  매우, 심히.

이런 얘기가 있다.

남전스님이 백장 열반화상을 방문하였는데, 백장스님이 물었다.

“예로부터 모든 성인이 오히려 사람들을 위해 설명하지 못한 진리가 있습니까?”

남전스님이 답하였다.

“있습니다.”

백장스님이 물었다.

“어떤 것이 사람들을 위해 설명하지 못한 진리입니까?”

남전스님이 답하였다.

“마음도 아니요, 부처도 아니며, 사물도 아닙니다.”

백장스님이 물었다.

“다 말씀하신 것입니까?”

남전스님이 말하였다.

"저는 다만 이렇습니다만 스님께서는 어떠합니까?"

백장스님이 답하였다.

"나 또한 대선지식이 아니거니 어찌 설명할 수 있었는지 설명할 수 없었는지를 알겠습니까?"

남전스님이 말하였다.

"저는 모르겠습니다."

백장스님이 말하였다.

"내가 스님에게 너무 많이 말했습니다."

강설(講說)

열반화상을 방문한 남전스님은 아마도 스승 마조선사로부터 인정을 받은 후 자기의 소견을 거침없이 펼치는 단계에 있었던 것으로 보인다. 이것을 간파한 열반스님이 단도직입적으로 물었다.

"모든 성인이 설명할 수 없었던 진리가 있을까요?"

여기에 대해 남전스님은 자신만만하게 답하였다.

"그것은 마음도 부처도 사물도 아닙니다."

이건 이미 모든 성인이 다 밝혔던 내용이다. 전혀 새로울 것이 없다. 그래서 열반화상은 바로 몰아쳤다.

"다 말한 것입니까?"

아마도 이 물음을 받는 순간 남전스님은 오싹했을 것이다. 하지만 자신의 실수를 정확히 안다면 얼마든지 만회할 수도 있는 법이다.

남전스님은 바로 공격 자세를 취했다.

"그럼 스님은 뭐라고 하시겠습니까?"

열반화상께서 얼마나 능수능란한지를 보여주는 대목이 전개된다.

"나야 뛰어난 사람도 아닌데 어찌 그런 것을 알겠습

니까?"

이번에는 남전스님도 당하고만 있지는 않는다. 다시 열반화상을 몰아붙였다.

"저는 스님의 말씀을 모르겠는데요."

이쯤 되면 열반화상도 남전스님을 인정할 수밖에 없겠다. 그래서 손을 거두어 버린다. 번개와 같이 빠른 솜씨다.

"그러고 보니 나도 참 말을 너무 많이 했습니다."

송(頌)

祖佛從來不爲人이어늘
조 불 종 래 불 위 인

衲僧今古競頭走로다
납 승 금 고 경 두 주

明鏡當臺列像殊라
명 경 당 대 열 상 수

一一面南看北斗니라
일 일 면 남 간 북 두

斗柄垂하니 無處討로다
두 병 수 무 처 토

拈得鼻孔失却口하리라
염 득 비 공 실 각 구

- **조불(祖佛)**

  조사님과 부처님.

- **불위인(不爲人)**

  본칙의 불위인설(不爲人說). 사람들에게 설하지 않은 것.

- **납승(衲僧)**

  누더기를 입은 스님. 수행자.

- **두병(斗柄)**

  북두칠성을 국자 모양으로 보았을 때 그 자루가 되는 자리에 있는 세 개의 별.

- **무처토(無處討)**

  찾을 곳이 없음. 찾을 수 없음.

- **비공(鼻孔)**

  본래면목, 실상(實相).

부처님 조사님이 이제껏 설명하지 못했는데,
수행자들 예나 지금이나 앞 다투어 내닫누나.
밝은 거울 대에 걸리면 차례로 형상 다른데,
모두가 남쪽을 향해서 북두칠성을 보는구나.
북두 자루가 기우니, 찾을 곳 없도다.
콧구멍을 잡으니 입을 잃게 되는구나.

송(頌)

부처님 조사님이 이제껏 설명하지 못했는데,
수행자들 예나 지금이나 앞 다투어 내닫누나.

강설(講說)

꿀맛은 꿀을 먹은 사람만 안다. 꿀을 먹어 보지 못한 이에게는 어떤 설명으로도 그 맛을 전해줄 수가 없다. 깨달음의 경지가 말로 전해질 수만 있다면야 어느 누가 목숨을 걸고 수행하겠는가. 그렇지만 수행자들 또한 그 자리에 이를 때까진 이런 분석 저런 짐작으로 부질없는 논쟁을 일삼으며 밖에서 그 경지를 찾으려 내닫는다.

송(頌)

밝은 거울 대에 걸리면 차례로 형상 다른데,
모두가 남쪽을 향해서 북두칠성을 보는구나.

강설(講說)

거울은 있는 그대로를 비춰줄 뿐이다. 거울은 분석하

고 취사선택하지 않는다. 소가 지나가면 소를 비춰 보이고, 말이 지나가면 말을 비춰 보일 뿐이다. 그러나 그 거울이 없어져 있다면 그 무엇도 비춰 보일 수 없다.

그런데 거울에 비친 영상들이 진짜일까? 진짜를 보려면 거울마저도 깨뜨려 버려야 한다. 그게 가능한 일인가? 잘 살펴봐야 한다. 만약 거울을 깨뜨릴 수 없다면 남쪽을 향해서 절대로 북두칠성을 볼 수 없을 것이다. 하지만 거울을 깨뜨려버릴 수 있다면 어디를 향하건 그 무엇인들 보지 못하랴.

송(頌)

북두 자루가 기우니, 찾을 곳 없도다.
콧구멍을 잡으니 입을 잃게 되는구나.

강설(講說)

북두칠성 찾는 것도 어두운 밤에나 하는 일이다. 날이 밝은 뒤에는 그 누구도 북두칠성을 찾으려 하지 않는다. 찾을 필요가 없기 때문이다. 콧구멍을 낚아채 확연히 깨달았다면 더 이상 떠들 필요가 없다. 그거야말로 부질없는 짓이기 때문이다. 마음이 서로 통한 사람이라면 눈빛만으로도 모든 말을 대신할 수 있다.

제29칙

대수 겁화통연 (大隋劫火洞然)

대수스님의
활활 타는 겁의 불길

"우주가 허물어질 때도
당당할 수 있는가"

이 장면 하나로 어디까지 볼 수 있는가.

강설(講說)

아무리 은밀한 일이라도 밝게 보면 다 드러나게 되어 있다. 마치 물이 흐려지면 물고기가 움직였음을 알 수 있는 것 같고, 새의 깃털이 머리 위에서 내려온다면 금방 새가 날아올랐음을 알 수 있는 것과 같다. 이 정도야 그리 어려운 일이 아니지 않은가. 아하! 현실적으로는 그런 사람이 흔치 않다는 것이니 어쩌랴.

근본 원리를 분명히 알뿐만 아니라 그로 인해 일어나는 갖가지 차별적 현상을 자세히 구분할 수 있다면, 마치 흠 하나 없는 완벽한 거울이 제 자리에 있는 것과도 같고, 원하는 모든 것을 다 보여주는 여의주를 손에 지닌 것과도 같은 것이다.

아무 의미 없이 나타난 영상이 없고, 그냥 일어난 소리 하나 없다. 어느 모양인들 홀로 그렇게 있는 것이 아니다. 그러니 눈을 번쩍 뜨고 제대로 보라. 부처님 손바닥 안이라는 말을 알게 될 것이다.

대수(大隋, 834~919)선사는 사천성(四川省) 염정현(鹽亭縣) 출신이다. 혜의사(慧義寺)에서 출가하였고, 60여 선지식을 참방하였다고 한다. 위산 영우선사의 회하에 있을 때는 아궁이의 불을 책임지는 화두(火頭) 소임을 보았는데, 위산스님이 어느 날 물었다.

"자네는 여기 온 지 여러 해가 되었는데 아무 것도 묻지를 않는구나."

"제가 무엇을 물어야 할까요?"

"잘 모르겠다면 무엇이 부처인지를 묻도록 해라." 대수스님이 손으로 위산선사의 입을 막아버렸다. 그러자 위산스님이 감탄하였다.

"자네 이후로도 모든 것을 쓸어버리는 사람을 만날지 모르겠군."

복주 대안(福州大安)선사의 법을 이어받고 사천성으로 돌아가 붕구산(堋口山)으로 가는 길목에서 찻집을 열고는 3년간 길손을 대접하였다. 이후 대수산(大隋山)에 주석하면서 후학을 지도하였다.

본칙(本則)

擧 僧問大隋호대 劫火洞然에 大千俱壞라
거 승문대수 겁화통연 대천구괴

未審這箇壞不壞오 隋云 壞니라 僧云 恁
미심저개괴불괴 수운 괴 승운 임

麽則隨他去也닛가 隋云 隨他去니라
마즉수타거야 수운 수타거

- **겁화(劫火)**

  이 세상이 허물어질 때에는 큰불이 일어나 모든 것을 태운다고 하는데, 그때의 불을 겁화라고 함. 겁(劫)은 범어 깔빠(kalpa)를 소리대로 옮긴 것이며, 이 세상이 무너질 때를 괴겁(壞劫)이라고 함.

- **통연(洞然)**

  막힘없이 탁 트이어 밝고 환함. 여기서는 불이 활활 타는 것.

- **대천(大千)**

  대천세계(大千世界)의 줄임말로 태양계 10억 배의 우주 전체를 일컫는 불교의 용어.

- **저개(這箇)** 이것. 본래면목, 불성, 본성, 진여 등을 가리킴.

- **수타거(隨他去)**

  (앞에서 말한) 겁화에 의해 무너지는 것을 따른다. 겁화에 의해 무너진다.

이런 얘기가 있다.

어떤 스님이 대수선사께 여쭈었다.

"세상이 허물어질 때의 큰불이 활활 타오르면 이 우주가 함께 무너진다는데, '이것'(본래면목)도 무너지는지 무너지지 않는지를 잘 모르겠습니다."

대수스님이 답하였다.

"무너진다."

그 스님이 여쭈었다.

"그러면 곧 (이것도) 겁화에 의해 무너지는 것을 따르는 것이군요?"

대수스님이 답하였다.

"겁화에 의해 무너지는 것을 따르느니라."

강설(講說)

부처님과 선지식들의 말씀을 잘못 들으면 엉뚱한 곳에 가 버린다. 예컨대 부처님께서 "어리석은 중생들의 삶은 괴롭다(一切皆苦)"고 가르치신 것에 대해 '깨달아야 괴로움에서 벗어난다'는 가르침의 핵심은 모르고, '세상은 본래 괴로운 것이다'라고 오해하는 것이다. 고해(苦海) 즉 '괴로움의 바다'라는 것은 어리석은 중생들이 스스로 만들어가는 괴로운 세상이라는 뜻인 것이다.

또 하나의 대표적인 것이 '내가 없다'고 풀이하는 무아(無我)인데, 이것을 부처님의 최종적인 가르침이라고 오해하는 경우이다. 이 용어는 '제법무아(諸法無我)'의 줄인 말로 '모든 존재는 끝없이 변하는 것으로 영원불멸한 고정된 개체가 없다'는 뜻이며, 중생들이 몸과 인식작용을 참된 자신이라고 착각하거나 혹은 어떤 사물이나 관념 등에 집착하여 스스로 괴로움에 떨어지는 것을 막아주려는 가르침이다.

부처님의 최종적인 가르침은 깨달음의 세계인 '열반(涅槃)'에 이르라는 것이며, 열반에 이르렀을 때 비로

소 참다운 상락아정(常樂我淨)의 네 가지 덕목을 갖추게 된다는 것이었다. 그러니 어설픈 공부로 부처님의 가르침을 왜곡시켜서는 안 된다.

대수스님께 질문한 스님도 전혀 엉뚱한 곳을 짚고 있다. '겁화통연(劫火洞然) 대천구괴(大千俱壞)'라는 말은 이 우주 또한 연기(緣起)의 법칙에 따라 이루어지고, 유지되다가, 허물어지고, 빈 상태를 되풀이한다는 것을 설명하는 한 대목이다. 그중에서 '우주도 큰불(劫火)에 허물어진다'는 예를 들고 있는 까닭은, 게으름 피울 여유가 없으니 서둘러 수행해서 깨달으라는 뜻이다. 그럼에도 불구하고 이 스님은 여전히 허물어지는 현상을 벗어나지 못하고 있다. 만약 자신이 원하는 것을 찾아가는 것에 전심전력하는 사람이라면 길이 먼 것을 염려하지 않고, 찾지 못했을 경우를 가정해서 미리 걱정하지 않는다.

아직 인식의 범주에 속하고 있는 경지는 허물어지는 현상을 벗어날 수 없다. 그것을 대수선사는 일깨워 주셨다. 그러나 이 친구 아직도 꿈속을 헤매고 있다. 대수선사께서 가르쳐 준 곳을 보지는 못하고 제가 보는 것에만 연연하고 있는 것이다. 물론 그 경지는 겁화에 무너지고 말지!

송(頌)

劫火光中立問端하니
겁 화 광 중 립 문 단

衲僧猶滯兩重關이라
납 승 유 체 양 중 관

可憐一句隨他語여
가 련 일 구 수 타 어

萬里區區獨往還이로다
만 리 구 구 독 왕 환

- **립문단(立問端)**

  질문의(問) 실마리를(端) 세움(立). 질문을 함. 질문을 던짐.

- **양중관(兩重關)**

  두 겹의 관문. '이것'이라는 본질과 '겁화에 대천세계가 허물어지는 것'의 현상이라는 두 가지 관문.

- **구구(區區)**

  떳떳하지 못하고 구차함.

겁의 불길 활활 타는 속에 질문을 던지니
수행자가 오히려 두 겹의 관문에 갇히네.
가련하도다 한마디 그것을 따른다는 말에
만 리 길을 구차하게 홀로 오고가는구나.

강설(講說)

손가락만 바라보면 바보가 된다. 안내도에만 집착하면 실체에 이를 수 없다. 공부하는 사람이 언제나 잊지 말아야 할 바이다. 스님이 비록 중요한 문제를 언급하긴 했으나 손가락의 가락지에 속고 말았다. 가락지도 잊고 손가락에도 머물지 않아야 달을 볼 수 있다. 설두스님께서 질문한 스님에 대해 안타까워하는 대목이다.

대수선사가 기껏 "멍청한 짓 하지 말라!"고 일깨워 주었으나, 이 친구 다시 한번 더 멍청한 짓을 하는구나. 그러니 대수선사의 번개 같은 솜씨를 피할 길이 없었구나.

결국 이 친구 아직 문밖 먼 곳에서 서성이고 있다고 설두스님은 재차 안타까워하셨다.

제30칙

진주 나복
(鎭州蘿蔔)

진주지방의 무

"제 살림살이도 아닌 일로
밤새워 열변을 토하는구나"

조주 백림선사(栢林禪寺)에 있는 조주선사의 사리탑.
이곳에 가면 조주선사를 만날 수 있을까?
좌우의 나무가 측백나무임.

조주 종심(趙州從諗, 778~897)선사. 십대에 출가하여 다른 절에 있다가 남전 보원(南泉普願)선사를 찾았다. 남전선사는 비스듬히 누운 상태로 어린 사미를 맞았다.

"어디서 왔느냐?"

"서상원(瑞像院)에서 왔습니다."

"그럼 훌륭한 상(瑞像, 부처님)은 이미 보았겠구나."

"훌륭한 상은 모르겠으나 누워계신 부처님(누워계신 남전선사)은 뵈옵니다."

남전선사께서 벌떡 일어나 앉으시며 다시 물었다.

"네게 스승이 있느냐?"

"아직 일기가 찬데 스승님께서 법체 강녕하시옵니까?"

이렇게 남전스님의 제자가 되었고, 남전스님께서 입적하실 때까지 40년을 모셨다. 60세부터는 여러 곳을 다니시며 운수행각을 하시다가, 80세에 측백나무가 많았던 옛 조주현 관음원(觀音院)인 현재의 백림선사(栢林禪寺)에 주석하시면서 40년 동안 후학을 지도하시었다. 그래서 정전백수자(庭前栢樹子) 즉 '뜰 앞의 측백나무'라는 공안도 나왔다.

본칙(本則)

擧 僧問趙州호대 承聞和尙親見南泉이라
거 승문조주 승문화상친견남전

하니 是否아 州云 鎭州에 出大蘿蔔頭니라
시부 주운진주 출대라복두

- **승문(承聞)**

  존경하는 분에 대한 얘기를 전해 들음.

- **남전(南泉)**

  마조(馬祖)선사의 제자이시며 조주선사의 스승. 안휘성 남전산(南泉山)에 주석하셨던 보원(普願)선사. 성씨가 왕(王)씨였으므로 가끔 스스로 왕노인(王老人)으로도 자칭하기도 함.

- **친견(親見)**

  어른을 친히 만남. 여기서는 법을 이었다는 뜻까지 들어 있다.

- **진주(鎭州)**

  조주지방과 가까운 지명으로 큰 무가 생산되기로 유명했다고 함.

이런 얘기가 있다.

어떤 스님이 조주선사께 여쭈었다.

전해 듣기로는 스님께서 남전선사를 친히 뵈었다는데 사실입니까?

조주선사께서 답하셨다.

진주에는 큰 무가 생산되느니라.

강설(講說)

어찌 보면 참 질문 같지도 않은 질문이라고 생각할 수 있는 것이 여기에 등장했다.

조주선사는 스승 남전선사를 40년이나 모셨던 인물이다. 이것은 모든 선객들이 다 알고 있던 사실이다. 그런데 여기 대단한 질문을 던진 스님이 있었다.

"소문대로 조주스님께서는 남전선사를 모시면서 그 분으로부터 법을 전해 받으신 것입니까?"

"그렇다!"고 해야 할까. 뭐라고 하나? 만약 그렇다고 해도 당하는 것이고, 멈칫거린다면 더더욱 낭패다.

하지만 상대는 천하의 조주선사였다.

"자네도 알다시피 진주지방에는 큰 무가 생산되지."

진주는 조주현과 아주 가까운 곳이고, 큰 무가 생산되는 곳으로 누구에게나 알려진 곳이다. 그럼 조주선사께서는 질문을 한 스님에게 다 알고 있는 사실을 왜 묻느냐고 되짚은 것일까? 이렇게 생각했다면 이미 조주스님의 함정에 꼬꾸라진 것이다.

장면을 바꿔 보자.

석가세존께서 수보리존자에게 질문을 던지셨다.

"내가 과거 오랜 옛적에 연등불을 뵙고 수기(授記, 성불에 대한 예언)를 받았는데, 그때 연등불로부터 얻은 법이 있겠느냐?"

수보리존자의 답은 이렇다. "아닙니다. 제가 세존의 뜻을 이해하기로는 연등불로부터 얻은 법이 없습니다."

질문을 한 스님이 비록 조주선사께 날카롭게 묻긴 했으나, 그게 도대체 어떻다는 말인가? 이런 종류의 질문을 던지는 사람은 요즘에도 수시로 만날 수 있다. 그런데 답을 해 주면 엉뚱한 토론을 하자고 든다.

세상 사람들 보아하니 제 살림살이도 아닌 일로 밤새워 열변을 토하면서 고주망태가 되더구먼.

송(頌)

鎭州出大蘿蔔이여
진 주 출 대 나 복

天下衲僧取則이로다
천 하 납 승 취 칙

只知自古自今이나
지 지 자 고 자 금

爭辨鵠白烏黑이리오
쟁 변 곡 백 오 흑

賊아 賊아 衲僧鼻孔曾拈得이로다
적 적 납 승 비 공 증 염 득

- **취칙(取則)**

  칙(則)으로 취하다. 공부의 모범으로 삼다. 공안으로 삼다.

- **자고자금(自古自今)**

  예로부터 지금에 이르도록.

- **곡백오흑(鵠白烏黑)**

  백조는 희고 까마귀는 검다. 본래 그러한 것. 근본의 진실.

- **적(賊)**

  도적. 조주선사를 가리킴. 조주선사의 뛰어난 솜씨를 극찬한 말. 조주선사는 무엇을 훔친 것일까?

진주에서 큰 무가 생산됨이여
천하 수행자가 공안으로 삼네.
예로부터 지금까지 다만 그리 아나
백조 희고 까마귀 검은 것 어찌 가리랴.
도적아, 도적아!
수행자 콧구멍 벌써 잡혀 버렸네.

강설(講說)

어떤 사람은 전 세계 국가들의 수도를 줄줄이 외는 것을 일과로 삼는 이도 있더라. 그런데 자신은 정작 그 어떤 나라도 가 본적이 없다고 하니, 외우고 있는 그 수많은 나라의 수도들이 무슨 소용이란 말인가. 마음 수행하는 사람들이 이렇게 공부를 하면 그것은 지식이나 정보를 모아놓고 자기 살림살이라며 자랑하는 꼴이다. 그런 정보나 지식은 인터넷에도 이미 있는 것들 아닌가. 그것이 자신의 마음을 얼마나 편하게 해 주는 것일까?

한국의 어른들이 '나주 배'를 모르는 사람 있겠는가. 그런데 외국인이 관광가이드에서 외워서 외치는 '나주 배'가 한국 사람의 그 나주 배와 같을까 다를까?

자칭 보이차의 대가라고 하는 사람이 내게 왔었다. 나는 그가 자기의 저서에서 최고의 차(茶)라고 극찬한 보이차를 달였다. 그런데 그이는 자기 자랑만 잔뜩 늘어놓았다. 책에서 되풀이했던 그 최고의 차에 대한 감탄사가 정작 그 차를 마시면서는 단 한마디도 나오지 않았던 것이다. 그가 책에서 설명한 것들은 남의 책에서 고스란히 베낀 것임을 알 수 있었다. 그가 일어서면서 말했다. "이 차 그런대로 마실 만하네요. 이름이 뭐죠?" 진정한 대가는 눈앞에 있는 것을 곧바로 가릴 줄 안다.

나와 아주 친해진 신부님이 있다. 그 신부님이 12년 전 처음 내 집무실에서 1920년대의 동경호(同慶號)를 마시고는 몸과 마음으로 느낀 점을 말씀했을 때, 그 어떤 보이차 전문가보다도 더 정확하게 동경호(同慶號)를 파악했음을 알 수 있었다. 이론적으로는 보이차가 무엇인지 동경호가 어떤 차인지를 전혀 모르고 있었음에도 말이다.

조주스님은 정말 대단한 도둑이다. 남전선사에 대해 물었던 그 스님이 눈앞의 조주선사를 보기나 한 것일까? 진주에 가면 큰 무를 볼 수 있을까? 조주스님에게 도둑맞은 것이 무엇인지나 알았을까?

송강스님의 벽암록 맛보기 3권
(21칙~30칙)

역해 譯解 시우 송강 時雨松江
사진 시우 송강 時雨松江

펴낸곳 도서출판 도반
펴낸이 김광호
편집 김광호, 이상미, 최명숙
대표전화 031-983-1285
이메일 dobanbooks@naver.com
홈페이지 http://dobanbooks.co.kr
주소 경기도 김포시 고촌읍 신곡리 1168번지